La vida según San Francisco

punto de lectura

Título: La vida según San Francisco

Barquillo, 21. 28004 Madrid (España) www.puntodelectura.com

ISBN: 84-663-1174-2
Depósito legal: B-35.657-2003
Impreso en España – Printed in Spain

Cubierta: IBD
Diseño de colección: Ignacio Ballesteros
Ilustraciones de interiores: Armando Pereda

Impreso por Litografía Rosés, S. A.

La vida según San Francisco

Índice

Prólogo

Enrique San Francisco forma parte de *El Club de la Comedia* desde su mismo origen. Cuando en la primavera de 1999 se realizó el programa piloto en el Teatro Lara de Madrid, fue uno de los primeros *experimentadores* del invento. Teníamos un guión que hablaba de sexo y que planteaba serias dificultades de llevarse a cabo. Se trataba de un texto muy explícito, repleto de golpes de humor. Sin embargo, a la hora de ponerlo en escena, había que tener cuidado con no rebasar la barrera del buen gusto. Se hacía imprescindible aportar un tono narrativo que hiciera primar el fondo de la cuestión por encima de la simple utilización de gruesas palabras poco usuales en una emisión televisiva.

Junto al equipo del programa, discutimos la elección de los actores de aquel primer piloto y tomamos la decisión de entregar el texto sobre

Qué es sexo a Enrique San Francisco. Lamentablemente, en esos días se encontraba de vacaciones y no fue posible hablar con él, aunque su hermano y representante, Vicente Haro, nos aseguró que le haría llegar el guión sin ningún tipo de problema. No pudimos tener un contacto previo hasta el mismo día de la grabación.

Pese a que la convocatoria era a primera hora de la mañana, Enrique no pudo ser localizado hasta mediodía y, finalmente, poco antes de la hora de comer llegó al teatro. En una primera impresión, su aspecto era de fatiga y cierto desaliño. Parecía haber dormido pocas horas y mantenía entre las manos una versión del guión doblada y arrugada que sacaba y metía continuamente del bolsillo del chaquetón. El texto, sujetado por un clip, daba muestras de un duro manoseo reciente. Pidió una cerveza, como siempre en vaso, y se sentó ante nosotros en la sala de ensayos. Sin ánimo de ser exigentes, las apariencias podían llevarnos a malpensar que nos encontrábamos ante una situación compleja. Pero una vez más se mostró cierto el dicho: las apariencias engañan.

No es que hubiera dormido poco. La realidad es que ni había entrado en contacto con la cama desde hacía más de 24 horas. El guión, supuestamente trabajado en las últimas jornadas, no había llegado a sus manos hasta unas horas antes. Justo las que llevaba en Madrid después de haber regresado la noche anterior de un viaje en barco por el Mediterráneo. Evidentemente, no tenía la menor idea respecto al contenido del programa, ni sobre qué hacíamos exactamente allí.

La mínima sensatez nos obligaba a aplazar la grabación para darle tiempo a recuperarse y a trabajar la preparación. Había sin embargo un problema. La sensatez y *El Club de la Comedia* siempre han tenido una dificultad enorme en encajar. Así que, visto lo visto, cara a cara con un Enrique San Francisco que nos miraba con serena placidez, tomamos la única decisión viable: tirarnos por el barranco.

Cuando empezó a leer el guión en voz alta, mientras mantenía una cerveza en una mano y los papeles en la otra y a duras penas seguía la coherencia del discurso, se produjo uno de esos instantes que acercan este oficio a la magia. El resultado final, por puro surrealismo, era asombroso. El texto parecía no sólo adecuado para él. Resultaba imposible pensar que hubiera podido ser escrito para otra persona. La conexión entre texto y personaje era perfecta... pese a ser la primera vez que se conocían.

Esa misma tarde, se realizó la grabación con público en directo del piloto. En una sala contigua al escenario veíamos el espectáculo a través del monitor. A esa hora, se había incorporado junto a nosotros, José Manuel Lorenzo, Director General de Canal+, el auténtico impulsor del programa. Sólo desde su pasión por el caos y el riesgo cabe entender su fe en el espacio más antitelevisivo de la historia. Unos actores que sucesivamente salen a escena a un teatro a lanzar monólogos de casi diez minutos, sin el más mínimo apoyo escenográfico y sin uso alguno del montaje. Sólo texto e interpretación. Pura antitelevisión.

Esa tarde, Enrique San Francisco salió a escena y empezó a desgranar el texto dando la impresión de que a duras penas conseguía hilar su memoria. Todos los allí presentes vimos por vez primera que el programa iba a ser una realidad. Ciertamente, esa tarde de la primavera de 1999, se puede decir que Enrique San Francisco inventó *El club de la comedia*.

Desde entonces, siempre hemos trabajado juntos. Ha protagonizado ya casi una treintena de monólogos. Precisamente, de la fusión de muchos de aquellos textos nació el espectáculo *Francamente... La vida según San Francisco*.

Se trataba de una representación que con el tiempo se ha convertido en una obra de culto para quienes intervinimos en su elaboración. Por las dificultades de espacio en la cartelera madrileña apenas se representó en algunos huecos que quedaban libres en la programación del Teatro Alcázar y pudo ofrecerse en fechas muy poco propicias en Barcelona. Sin embargo, el texto, que ahora ve la luz en el presente libro, es un magnífico compendio del personaje que durante los últimos años ha representado Enrique San Francisco como Cómico, con mayúsculas.

En el momento de redactar estas líneas, arrancamos la segunda temporada de nuestro programa hermano de *El club de la comedia*, *La noche con Fuentes y Cía*, emitido en las noches dominicales de Tele 5. Es posiblemente, gracias a su participación en este espacio, donde Enrique haya gozado de mayor popularidad con sus breves apariciones junto a algunos de los personajes más renombrados del país. Sus cruces de opiniones con algunos de ellos han permitido crear piezas de humor vinculadas a la mayor parte de los acontecimientos sociales y políticos de la España actual. Siempre nos ha llamado la atención cómo muchos de los invitados al programa preguntan con expectación si van a poder recibir en persona las originales críticas de Enrique San Francisco. Para todos ellos, el encuentro en el plató, que con gran habilidad conduce Manel Fuentes, se ha convertido en un momento inolvidable en su *vida electrónica* repleta de rutinarias experiencias.

En el presente libro, se resumen algunos de sus pensamientos a modo de ideario. Su orden es tan inconexo y caótico como el fondo de las reflexiones. Aún así, creemos que simbolizan un mundo en sí mismo, y poder participar cada día en él representa para todos nosotros un privilegio profesional y personal. A lo largo de estos tres años, han sido casi una veintena los guionistas que han trabajado para Enrique. Es de justicia destacar la labor inicial en la creación de los primeros textos de nombres como los de Laura Llopis, Pablo Motos y Arturo González-Campos. En los últimos tiempos, quizá la persona que más ha escrito para el personaje haya sido Maikol Sánchez-Romero, Jefe de Guión de *El Club de la Comedia* y durante todo un año autor de sus textos en *La noche*. Maikol, uno de los más brillantes escritores de televisión con los que se pueda trabajar, suele decir que su labor apenas tiene mérito. Según él, lo único que hace es transcribir los pensamientos que tiene el personaje de Enrique San Francisco.

Lo cierto es que la relación entre Enrique y su personaje televisivo es muy especial. Posiblemente no tengan mucho que ver y sin embargo se parecen enormemente. Enrique San Francisco es todo un milagro de la naturaleza, aunque circulan todo tipo de leyendas respecto a la contribución de la ciencia a su estado actual. Bajo su aparente despiste congénito, se encuentra un tipo al que es imposible driblar. Cuando intentas llegar a cualquier recoveco él siempre está allí esperando. Y eso que, con seguridad, ha llegado más tarde que tú, con una cerveza en la mano. No hace falta releer la frase. Es incomprensible, pero así lo hace.

Trabajar con él supone olvidar el convencionalismo, la rigidez y la jerarquía. Él va a su ritmo, aunque siempre resulta ser un magnífico compañero de viaje. Sus trabajos nunca salen como se proyectan. Siempre hay que admitir que en su fase de intervención los textos vivirán una inescrutable transformación mezcla de sus giros de interpretación, del tamiz de la memoria y de su ingenio natural. El resultado lo habrán visto decenas de veces quienes se dispongan a leer este libro. Prepárense a disfrutar, a reír y a reflexionar. No pierdan detalle alguno. Enrique San Francisco ha conseguido que hasta sus silencios resulten brillantes.

José Miguel Contreras
Creador y Director de *Francamente*, *El Club de la Comedia* y *La noche con Fuentes y Cía.*

Enrique San Francisco

Enrique San Francisco, que nació en Madrid en 1955, presume de llevar más de cuarenta años actuando. Debe de ser cierto porque con tan sólo seis se puso por primera vez delante de una cámara en la película *Héroes de blanco*.

Durante un tiempo simultaneó cine y teatro a la vez que intentaba estudiar. Hasta que tuvo que elegir entre una brillante carrera en los escenarios o un brillante fracaso escolar. Y, aunque estaba capacitado para hacer ambas cosas, finalmente, se decantó por los escenarios. Desde entonces ha intervenido en más de 40 películas, otras tantas series de televisión y 70 obras de teatro.

Ha sido candidato dos veces a los premios Goya, por *El baile del pato* y *Orquesta Club Virginia*. Fue galardonado con el premio del Ministerio de Cultura al Mejor Actor en 1979 y a la Mejor Interpretación Infantil por uno de los trabajos de los que está más orgulloso: *El aprendiz de clown* (1967).

Sus grandes pasiones son su perro, *Florián*, un bull terrier que le acompaña a todas partes, y la cerveza. Aunque no siempre por ese orden.

Conduce una moto de gran cilindrada y, a pesar de lo que pueda parecer —y lo parece—, practica varios deportes, entre ellos algunos de riesgo, como el parapente. Aunque nunca se peina, es tremendamente coqueto y tal vez eso explique que despierte pasiones entre las más bellas mujeres. Reconoce que está soltero porque, según dice, «como novio soy un desastre».

Enrique es generoso y... un niño grande que aún cree que los reyes son... monárquicos. Un tipo que siempre va acompañado de su familia y algunos buenos amigos.

Gran conversador, hombre reflexivo y analítico un par de veces por semana, posee una peculiar perspectiva del mundo. En esta obra tenemos la oportunidad de disfrutar de «la vida según San Francisco».

Primera
parte

Francamente... La vida según San Francisco

BRENT

¿Saben?, a mí la vida me gusta, pero, francamente, tiene sus defectos: el racismo, las guerras, los desastres ecológicos, la violencia doméstica...

La verdad es que hay que pensárselo mucho para traer un hijo al mundo. Precisamente, mi amigo Paco, que es un insensato, ha tenido un hijo... Él está entusiasmado, me ha llamado por teléfono y me ha dicho:

—¡Joder, macho, he estado en el parto! ¡Qué experiencia más bonita...!

Y yo pensando... «¿Bonita? Tu mujer gritando, insultándote, sangre por todas partes... ¿Eso es una experiencia bonita?»

Hombre, me gustó *Viernes 13*, pero, ¡joder, esto ya es una pasada...! Y, además, ¿qué coño pintas tú en el parto? Ahí, disfrazado de mujer de la limpieza, con el vídeo grabando... El niño, que parece que te lo entregan por fascículos: primero sale la cabeza, luego un hombro, luego un brazo... De pronto sale el cordón umbilical y el médico te dice:

—¡Corte usted!

Lo cortas y ves que aquello empieza a echar líquido...

—Oiga, doctor... ¿no habré cortado el cable que no era, verdad?

Total, que no me ha quedado más remedio que ir a ver al niño. Y, claro, hay que llevarle un regalo... Menuda papeleta porque... ¿qué se le puede regalar a alguien que sólo tiene tres días? ¡Un peluquín, al fin y al cabo está calvo! ¡Cuando llegas a la habitación te encuentras un barullo... Todo aquello lleno de gente, agobiados de calor... Y el niño, de mano en mano, que parece la «bola loca». Joder... Y, de pronto, ¡zas!, te lo colocan... ¿Y cómo se coge esto?

—¡Cuidado con la cabeza!

¿Qué pasa? ¿Se le sale? ¡Nueve meses ahí dentro y sale desarmado!

Otra cosa: si alguna vez confunden un niño en el hospital, es porque no hay una abuela cerca. Para mí todos son iguales, pero para ellas no:

—No se puede negar que los ojos son del padre.

—Claro, que la boca es de la madre.

—Y la naricilla es del abuelo...

¡Pero bueno! ¿Qué pasa? ¿Es que este niño no tiene nada suyo?

Pues no. Así empezamos la vida en este mundo: sin nada. Bueno, con una madre.

Yo tengo debilidad por las madres. Personalmente, creo que las madres son el mejor invento del mundo. Sólo tienen un defecto: todas dicen las mismas cosas.

Seguro que han escuchado esto alguna vez:

—Tú hazle caso a tu madre, que tu madre sabe mucho de esto.

Yo creo que les dan un cursillo secreto donde aprenden todos esos comportamientos que llamamos «cosas de madre».

Lo primero que tiene este cursillo son unas buenas clases de lenguaje.

Son tan posesivas que en la agenda ponen todos los teléfonos de sus hijos en la letra M: «*Mi* Paco», «*Mi* Ángel», «*Mi* Juanjo»...

Gracias a estos cursillos, las madres son capaces de hablar de dos temas a la vez:

—Mamá, quiero hablar contigo.

—¿Qué te pasa, hijo mío? ¡No arrastres los pies...!

—Es que estoy pensando en dejar de estudiar.

—¡No te toques los granos! ¿Pero cómo te vas a dejar los estudios?

—Es que no me gustan.

—Huy, tantas cosas no me gustan a mí... ¡Ponte derecho, que vas *chepao*!

Y hay un momento en que, no se sabe por qué, la madre mezcla las dos conversaciones...

—Pero, ¿cómo vas a tener ganas de estudiar si no arreglas tu habitación? Venga, va, que no hay quien entre... ¡Y estudia!

En estos cursillos de madre les inculcan, sobre todo, tres principios: que tomes calcio, que guardes las dos horas de la digestión y que, en invierno, te tapes la boca. Aunque tengas 90 años y tu madre 118, cuando estuvieras llevándola a la UVI, te diría:

—Enriquito, tápate la boca.

Además, en este cursillo, Rappel debe de dar un seminario, porque todas las madres son videntes. Dicen:

—Niño, que te vas a caer.

Y te caes.

—Niño, no comas tan deprisa, que te vas a atragantar.

Y te atragantas.

—Hijo, ten cuidado, que ésa es una lagarta.

¡Y es una lagarta!

Hay que reconocer que estos cursillos son bastante completos, porque también les dan nociones de agente de policía y algunas madres se convierten en auténticos sabuesos…

—Tú has fumado... Tú has bebido... ¡Tú llevas por lo menos tres días sin cambiarte de calcetines!

Yo creo que en los aeropuertos, en vez de perros, los agentes de aduanas deberían ir con su madre:

—¡Parad a ése, parad a ése, que mi madre se ha puesto nerviosa!

—¡Ése lleva cocaína...! ¡Y hace tres días que no se cambia de calcetines!

Una curiosa obsesión de todas las madres es la comida. Yo creo que en el cursillo no les enseñan que sus hijos crecen. Tú ya vives solo y vas a verla cada quince días. Pero eso no le impide seguir cebándote... Se te sienta al lado y empieza:

—¿Qué pasa? ¿No está bueno? Venga, termínate las albóndigas, el bacalao, los pimientos rellenos y el cochinillo, que te voy a traer la sopa de cocido que tanto te gusta... ¡Y come pan!... ¿Te pelo una naranja?

PORQUE UNA MADRE NUNCA ESTÁ SATISFECHA.
POR MUCHO QUE HAGAS, ELLA NUNCA ESTÁ CONTENTA...
QUIERE QUE TE CASES:

MAMÁ, ME HAN HECHO PRESIDENTE DEL GOBIERNO.

¡QUÉ OBSESIÓN CON TAPARTE LA BOCA!

YO ME ACUERDO DE LOS PASAMONTAÑAS QUE ME PONÍA PARA IR A LA ESCUELA, QUE PARECÍA UN TERRORISTA.

Por cierto, ¡qué etapa la escuela!, ¿eh?

Para mí es la etapa más desconcertante de la vida. Yo creo que como el mundo es tan contradictorio, en la escuela te vuelven loco para que de mayor no desentones. Me di cuenta el otro día cuando fui a recoger a mi sobrino al colegio. Me quedé alucinado. ¿Se han fijado en cómo salen los niños de allí? Es algo espeluznante. Salen despavoridos, corriendo en cualquier dirección, como endemoniados, empujándose y gritando, como huyendo de algo. Uno acaba pensando: ¿qué les harán ahí dentro?

Yo recuerdo que de pequeño no salía del colegio de esa forma tan violenta. Francamente, yo la mayoría de las veces... ni entraba.

Mi profesor me decía:

—Enriquito, si quieres ser un hombre de provecho vas a tener que estudiar un poco más.

Y yo contestaba:

—Vale, pero si no quiero serlo, ¿puedo seguir como hasta ahora?

Y es que cuando vas a la escuela te empiezas a oler la tostada de que en la vida siempre hay alguien que manda sobre ti. Siempre tienes jefes. Primero, tu madre; ahora, el profesor... Y, total, ¿para qué? Yo nunca le he visto la utilidad a esto del colegio.

Ahora, el que cambió mi vida fue el conjunto vacío: un día voy y le enseño las notas a mi madre y ella me dice:

—Enriquito, ¿y este cero en matemáticas...?

—Mamá, no seas antigua, esto no es un cero. ¡Es un conjunto vacío!

Y luego llegaba el profesor y decía:

—Chicos, os voy a poner unos problemas.

Pues... cojonudo. Llevo una mochila de ocho kilos, me llaman *Carabesugo*, me roban el bocadillo... ¡Y encima viene este tío a ponerme más problemas!

Y dictaba:

—Si Pedrito tiene seis manzanas, viene su hermana y le quita dos, viene su primo y le quita otras dos, y luego el perro se come una... ¿Cuántas manzanas tiene Pedrito?

Pues no lo sé, pero francamente, si quiere mi opinión... Pedrito es gilipollas.

Por no hablar de la clase de gimnasia... ¿Para qué te sirve en la vida dar la voltereta? ¿Y saltar el potro? Imaginen que en un debate entre Aznar y Zapatero, Aznar dijese: «Señor Zapatero, usted va a subir las pensiones y va a bajar la gasolina, pero ¿sabe saltar el potro? Déjese de demagogias... ¡Salte el potro, señor Zapatero! ¡Salte el potro!».

La única vez en la que yo estuve atento en el colegio fue cuando explicaron la reproducción humana. Descubrí que aquello tenía cierta complicación: primero me hablan de un guisante... después de unas abejas que salen de su colmena y esparcen el polen por doquier... Pero aquí no acaba el follón, porque yo sé que hay una cosa que se mete en algún sitio... Y además está la cigüeña... Con lo que me voy a mi casa pensando que la reproducción humana consiste en que una cigüeña mete un guisante en una colmena y una abeja lo esparce...

Muy bien.

Y en ese momento es cuando me hago la gran pregunta. Yo no quiero molestar a nadie, pero si todo esto es así, entonces, ¿para qué me sirve a mí la polla?

¿Qué pasa? He dicho «polla», no sé por qué no nos atrevemos a decir esta palabra. Luego pasa lo que pasa, que vamos al médico y no sabemos cómo referirnos… a eso… Decimos:

—Me pica... ahí...

Lógicamente, el médico dice:

—¿Y dónde es ahí?

Aquí caben varias posiciones… Unas dicen: «En el culito de delante...». Otros hablan de «Bartolín». Y otros se refieren al «miembro», como si fuera un miembro de los Cuerpos y Fuerzas de Seguridad del Estado.

Una palabra que últimamente nos da miedo pronunciar es «Dios». La gente, con esto del nuevo milenio, se avergüenza de decir que cree en Dios. Ahora dice que cree... en una «fuerza», en una «energía». Pero luego se siguen cagando en Dios, que no sé yo… ¿Por qué no dicen: «Me cago en la fuerza» o «Me cago en la energía»?

Y hay muchas más palabras que nos da miedo pronunciar. Como «suegra». A la suegra no la vas a llamar «suegra». Entonces, ¿cómo la llamas? «Madre» no, porque madre no hay más que una… «Padre» tampoco, aunque tenga bigote. Y tampoco sabes si tratarla de «usted» o de «tú»… Así que, cuando le quieres decir algo, hablas en impersonal:

—¡Qué bueno sale el pollo siempre en esta casa!

Como si el pollo lo hiciera el pasillo en vez de tu suegra.

Lo mejor es no tener suegra.

Y yo de momento me estoy librando. No es que tenga nada contra el matrimonio, de hecho, cuando nací mis padres estaban casados y yo ni me enfadé ni nada... Pero, francamente, yo con esto de la pareja tengo un problema: soy alérgico al compromiso... Y se pasa mal a veces.

Porque tú estás echando un *kiki* —¡un *kiki* sin compromiso!— y, sin venir a cuento, ella te suelta:

—Te quiero, Enrique...

¿Qué ha dicho? ¿Que me quiere? ¿Pero yo qué le he hecho a esta tía? ¡Son ganas de joder! En ese momento se me baja el alma a los pies... Bueno, el alma y... todo lo demás.

Y encima ella se enrosca a tu lado, y se queda a dormir ¡toda la noche! Y por la mañana... ¡se pone a preparar el desayuno! Y yo aquí ya empiezo con las indirectas.

Te dice:
—¿Quieres leche en el café?
—No, yo el café siempre lo tomo... *¡solo!*
—¿Y cómo te gusta?
—*¡Largo!*
—¡Ay! ¿No tienes donuts?
—No, pero baja a la panadería *¡y que te den!*

Porque, no nos equivoquemos, tener pareja es como tener un jefe más. Y yo, francamente, no me llevo muy bien con los jefes. Yo tengo la teoría de que para ser jefe sólo hace falta una cosa: ser un incompetente.

Vamos a ver: ¿cuántos jefes conocen que sean competentes? ¿Y cuántos políticos? En cambio, incompetentes hay un huevo... Aunque hay que reconocer que los incompetentes tienen sus cosas buenas: que son muy solidarios. Cuando uno llega a jefe, inmediatamente monta a su alrededor una ONG: «Incompetentes sin fronteras». Y si tú eres incompetente, tu jefe te reconoce como uno de los suyos... No sé... si un día, por ejemplo, te ve chupando los sellos por la parte de delante te dice:

—Trujillo, ¡cómo me recuerda usted a mí mismo hace unos años...! Tiene un carrerón por delante. Siga así, que el día menos pensado le hago subdirector...

Ser incompetente es mucho más cómodo. Los competentes se pasan la vida estudiando. Haciendo *masters*, cursillos, reciclándose...

Otra cosa buena del incompetente es que su abuela es inmortal.

La pobre mujer aguanta lo que le echen, porque el incompetente, para escaquearse del trabajo, cada dos por tres la está operando de la vesícula. Él sólo tendrá dos manos, pero su abuela debe de tener como doscientas vesículas, por lo menos.

En cambio, el competente tiene tanto amor al trabajo que, si ve que la abuela está pachuchilla, la remata el domingo para poder ir el lunes a trabajar... O aprovecha un puente... para despeñarla.

El incompetente, con el mínimo esfuerzo, consigue el máximo rendimiento, porque es un gran publicista de sí mismo. Todo el mundo se entera de cualquier cosa que hace, por pequeña que sea:

—Bueno, pues voy a hacer estas fotocopias, que si no las hago yo no las hace nadie...

Y al rato:

—¡Ya he hecho las fotocopias...! ¡Cómo me han quedado...!

En cambio, del trabajo del competente sólo se habla el día que la caga... El día en el que el jefe le dice:

—Martínez, coño, ¡qué cagada! Bien está que se quede hasta las cinco de la mañana haciendo el balance, pero se ha equivocado en *dos décimas*... Se está jugando el puesto: mire a Trujillo, ése sí que no se equivoca nunca.

Los incompetentes tienen más tiempo libre. Si hay un marrón en la oficina, el jefe le pide a todos que se queden para solucionarlo, menos al incompetente. ¿Para qué?

—Usted no hace falta que se quede, Trujillo, que tendrá cosas más importantes que hacer...

Y mientras Trujillo sale de la oficina, el jefe dice a los demás:

—¡Menudo carrerón lleva!

Otra ventaja del incompetente es que tiene todas las puertas abiertas, porque incompetentes hay en todas las profesiones. Ahí está el Tribunal Supremo, que debe de estar lleno, porque cada dos por tres sale en el periódico: «El Tribunal Supremo se declara incompetente...». Si ellos lo dicen...

Y LO MEJOR DE TODO: SIENDO INCOMPETENTE PUEDES TRABAJAR EN UNA DE LAS EMPRESAS MÁS GRANDES Y TRANSPARENTES DEL MUNDO: TELEFÓNICA. A LOS INCOMPETENTES DE TELEFÓNICA SE LES RECONOCE ENSEGUIDA POR EL TONO Y LA ENERGÍA QUE TIENEN:

INFORMACIÓNBUENASTARDESLEATIENDEMARISA...

POR FAVOR,
¿ME DARÍA EL TELÉFONO
DE MERCERÍA MERCE?

COMO MERCERÍA NO ME SALE MERCE.

¿Y COMO MERCE?

COMO MERCE NO ME SALE MERCERÍA.

BUENO, ES QUE ELLA
EN REALIDAD
SE LLAMA MARI...

¡PUES ACLÁRESE, QUE SÓLO TENGO DOS MANOS
Y A MI ABUELA LA TIENEN QUE OPERAR DE LA VESÍCULA!

ESO PASA CONTINUAMENTE Y, SIN EMBARGO,
MIRA QUÉ BIEN VA TELEFÓNICA.

Y hablando de incompetentes: ¿quién ha hecho el Código de la Circulación? Lo digo porque viniendo para acá me he encontrado con la Guardia Civil...

¡Qué acojono! Ha sido verlos y decir... «¡Algo llevo mal! Un faro roto, el carnet caducado, el coche robado... ¡Algo mal debo de llevar!»

Y no es que yo no conduzca bien. Es que es imposible cumplir el Código de la Circulación aunque quieras: métete en una autopista y no pases de 120 y verás... A los dos minutos tienes un camión oliéndote el culo.

Y encima el tío cuando te pasa te pega un bocinazo y te dice:

—¡Tú estás loco! ¡Vas a provocar un accidente!

Pero cuéntale eso a la Guardia Civil:

—Perdone, mi sargento, pero voy a 180 porque, si no, el del camión me pega una hostia.

No te haría ni caso, porque ellos creen que el Código de Circulación se *puede* cumplir. ¡Claro, como son guardia civiles... a ellos no se les pone nunca un camión detrás oliéndoles el culo!

Por eso cuando ves a la Guardia Civil te entra el *canguis*. ¿No les ha pasado nunca que van sin el cinturón y, de repente, aparecen ellos? Menudo drama. Buscas el cinturón de seguridad, tiras de él, él tira de ti, te lo pasas por delante de la cara, te doblas una oreja, le das sin querer al limpiaparabrisas... ¡Vamos, que no te matas de milagro! Y yo pregunto: ¿no se supone que la Guardia Civil está para protegernos? ¡La Guardia Civil es un peligro!

Y si ya te dan el alto... ¡Es como un flechazo! Te da un vuelco el corazón. Y no eres el único que lo siente, ¿eh? El guardia civil también debe de sentir algo, porque nada más echarte al arcén empieza a hacerte una especie de cortejo del enamorado. Se pega a la ventanilla, te echa miraditas, da vueltas alrededor del coche, le mira el culo, le da pataditas a las ruedas, golpecitos al maletero... que llega un momento en que te dan ganas de decirle:

—¡Que sí, joder, que es un coche!

Y luego el tío te da el alto con la espada de *La Guerra de las Galaxias*, en plan Obi Wan Kenobi... Que dices: «¡Madre mía, que La Fuerza nos acompañe!». Te sientes como Luke Skywalker y miras a tu suegra por el retrovisor y dices: «Si está también, R2-D2...».

Un sábado, a poco que salgas... un par de cubatas caen seguro... Y ya das positivo.

Y luego está el que se le va la pelota y se pilla un ciego importante. Que éste, cuando se le acerca el de la espada fosforescente ya le dice:

—Señor guardia, déjeme el Gusiluz ése, que me ha entrado miedo.

Y el guardia:

—Sople aquí.

—¿Que sople aquí? ¿Es que todavía no se cree que voy borracho?

Pero el tío al final sopla... poquito... La Guardia Civil no es gilipollas y está acostumbrada a ese tipo de soplidos... leves... Por eso se rebota y le dice:

—Salga del coche.

Y aquí, al tío, la mejor idea que se le ocurre es... hacerlo todo a cámara lenta...

Y para colmo intenta hacerse el guay:

—¿Qué, agente? Mucho lío esta noche, ¿no? ¡Hay que ver cómo va la gente los sábados! Menos mal que están ustedes... Qué gran labor están haciendo aquí... *los cuatro*.

Mi amigo Rafa para estos casos tiene un truco: se hizo una foto cuando iba pedo y la pegó en el carnet de conducir. Así, cuando le paran, el guardia dice:

—Este tío no va borracho... ¡Es que es así!

Cómo será mi amigo Rafa que cuando han cerrado ya todos los bares dice:

—¡Vamos a tomar la penúltima al tana!

Para el que no lo sepa, «el *tana*» es el bar del tanatorio. Qué lugar el tanatorio... Yo hay veces que cuando llego allí voy tan perjudicado que me siento más identificado con los muertos que con los vivos. Un día fui a un velatorio y cuando se fueron todos, el funcionario me dijo:

—Usted ya se queda aquí, ¿verdad?

Y como yo siempre le doy la razón a todo el mundo, me quedé...

Y la verdad, el tanatorio es otro lugar lleno de contrasentidos:

Lo primero que te encuentras al llegar allí son un montón de coronas de flores... Que digo yo: ¿por qué le llamarán a eso «corona»? Yo no he visto nunca a un muerto con eso en la cabeza... Más que una corona parece un salvavidas. Y hay que tener mala leche para regalarle a un muerto un salvavidas.

Y los mensajes que llevan, son para leerlos: «¡Tus nietos no te olvidan!». ¿Cómo que «no te olvidan»? ¡Pero, hombre, si se acaba de morir! Como para olvidarse:

—Oye, ¿qué hacemos aquí en el tanatorio?

—Pues no sé, no me acuerdo muy bien, creo que se ha muerto el abuelo...

El negocio se llama ¡pompas fúnebres! ¿Qué falta de respeto es ésa? ¡Pompas fúnebres! Parece la marca de un champú para difuntos:

«¡Pompas Fúnebres, el champú que no irrita los ojos!».

Y después de lavarle la cabeza al muerto con el champú Pompas Fúnebres nos vamos de marcha... de «marcha fúnebre»... ¿Marcha fúnebre? ¿Qué es eso? ¿Ir a mover el esqueleto?

Pero menos sentido todavía tienen las conversaciones de la gente. De repente llega un tío y dice:

—¡No somos nadie!

¿Pero cómo que no somos nadie? ¡No serás nadie tú! ¡Yo soy un tío cojonudo! Y otro suelta:

—Hoy estamos aquí y mañana estamos allí.

Hombre, mira, eso es lo bueno de tener coche...

En los velatorios te das cuenta de que si quieres que hablen bien de ti, no hay nada como morirse. Si, por ejemplo, tú eras un ludópata, la gente dirá: «No tenía nada suyo». Y si tenías muy mala leche: «Parecía que se comía el mundo y luego no se comía a nadie...». Y aquí la cosa se anima y salta uno:

—Y hablando de comer, ¡cómo le gustaba el pollo! ¿Os acordáis de aquella vez que se comió cinco pollos de una sentada...?

Y otro:

—¿Y la vez que tiró un tabique con el hombro?

Que me van a perdonar, pero si se comía cinco pollos seguidos y tiraba tabiques con el hombro, lo raro es que no se hubiera muerto antes.

Y con estas anécdotas del muerto a la gente le da la risa floja y de repente uno dice:

—¡Aaaaaaay...! Si no nos reímos, ¿qué vamos a hacer...?

Pues llorar, cojones, que para eso estáis en un velatorio.

Y entonces se crea un silencio incómodo, hasta que a alguien se le ocurre algo original que decir:

—Pues mira, ya ha dejado de fumar...

Bueno, sí... el muerto ha dejado de fumar, pero los demás no paran. Que se forma allí un ambiente que sólo falta que salga Michael Jackson bailando el *Thriller*... Yo creo que en vez de ponerle velas al ataúd le deberían poner faros antiniebla... ¡Es que es muy fuerte! Los muertos se van al otro barrio ahumados, como los salmones. Vamos, que si llegas tarde piensas: «¡Coño, que los familiares ya lo están incinerando por su cuenta!».

Pero a mí las frases que más me impresionan son las que se dicen en el «pésame»:

—Ha pasado a mejor vida.

Pues en eso sí que tienen razón... Porque toda la vida con muebles de aglomerado de Ikea y cuando te mueres te meten en un ataúd de roble macizo... Y a lo mejor te has pasado la vida conduciendo un Talbot Samba y ahora te vas al otro barrio en un Mercedes de puta madre... ¡Y con chófer! Muy bien. ¡El coche más seguro del mundo! ¡A buenas horas!

En fin, yo no tengo claro lo que quiero que hagan conmigo cuando me muera... Había pensado en la incineración, pero no me convence. Porque van los familiares con las coronas de flores y el ataúd, y al rato salen con una copa de cerámica y claro, entre las coronas y la copa parece que han ganado la Vuelta Ciclista a España.

Pero está claro que tengo que tomar una decisión, porque la vida es como una empresa de trabajo temporal: el día menos pensado te echan sin avisar. Lo que me gustaría saber es si después de la muerte voy a seguir teniendo jefes. Por eso, últimamente he estado leyendo la Biblia... Sí, la Biblia, ese libro que todo el mundo tiene en casa, pero que prácticamente ni Dios ha leído... Ring, ring...

—Hola, ¿qué haces?

—Aquí estoy, leyendo la Biblia.

—¡No jodas! ¿Qué te ha pasado? ¿Te has hecho de una secta?

Y es que nadie entiende que la Biblia se pueda leer por placer... Sin embargo, yo últimamente la he estado leyendo y me ha parecido un libro muy interesante... Un poco largo, pero interesante, y muy curioso. El que mejor me cae es el protagonista: Dios. ¡Dios es la leche! Pero tiene sus cosillas... Yo no quiero molestar, pero muy trabajador, muy trabajador… no es, porque teniendo toda la eternidad por delante, el tío hizo el mundo en una semana. Y no crean que se hernió. Se levanta el primer día y dice: «Hágase la luz». Y la luz se hizo... Pero, que yo sepa, él no ha puesto ni un enchufe... Y al día siguiente: «Háganse los planetas». ¡Eso, que se hagan ellos solos!

Y digo yo que se podía haber esforzado un poquito más, porque, en vez de hacernos de metal líquido como a Terminator, nos hizo de barro como a los botijos.

A mí lo que me gusta de la Biblia es que Dios era partidario del nudismo, como yo... De lo que no era partidario es de la recogida de fruta, porque no le importó que Adán y Eva fueran en pelotas, pero cuando se comieron una manzana se pilló un cabreo... que los echó del paraíso... ¡Oye, con razón! ¿No te han dicho que no cojas la manzana? Dios es bueno, pero con un límite... ¡Por eso los castigó! A Adán le dijo: «Tú ganarás el pan con el sudor de tu frente». Y a Eva : «Y tú parirás con dolor». ¡Que anda que no le tuvo que dar rabia a Dios que inventasen la epidural! ¡Es que ya fueron ganas de llevarle la contraria!

A Dios le pasó lo que a todas las buenas personas, que daba la mano y le cogían el brazo... Ahí estaban los babilonios, que se pusieron a construir la torre de Babel para ponerse al nivel de Dios... ¡Pero serán insensatos estos babilonios! Claro, Dios se enfadó: «Por vuestra ambición os condeno a que, a partir de ahora, si queréis entenderos, os tendréis que dejar el sueldo en fascículos para aprender idiomas. Eso sí: Con el número uno, recibiréis las tapas de regalo». ¡Y es que hasta enfadado es buena gente!

PERO, SOBRE TODO, DIOS LO QUE TIENE ES UN SENTIDO DEL HUMOR TREMENDO.

UN DÍA HABLA CON NOÉ Y LE DICE:

"OYE, CONSTRUYE UNA BARCA QUE VOY A INUNDAR TODO ESTO".

Y NOÉ SE LO CREE, Y SE PONE A CONSTRUIR UN BARCO EN MEDIO DEL DESIERTO...

QUE NO VEAS EL CACHONDEO DE LOS VECINOS...

PERO NOÉ, ¿TÚ ESTÁS TONTO?

¡SI AQUÍ NO HAY PLAYA!

¿QUIÉN TE CREES QUE ERES?, ¿CHANQUETE?

YO CREO QUE DIOS NO IBA A INUNDAR NADA...

PERO CUANDO VIÓ A NOÉ TAN ILUSIONADO CON SU ARCA, VA Y LE DICE:

-¡VENGA, VA, VOY A MANDAR UN DILUVIO, PERO SÓLO UNO!

TAMBIÉN ES MUY BUENA LA QUE LE GASTÓ A ABRAHAM. QUE LE DICE: "SACRIFICA A TU HIJO". Y EL OTRO:
- AH, PUES VALE.

ES QUE LOS HOMBRES SE LO TOMAN TODO EN SERIO... MENOS MAL QUE DIOS LE PARÓ:

- EH, ABRAHAM, SUELTA EL MACHETE, QUE ERA COÑA, TÍO.

¡QUÉ BROMISTA...! CLARO, ¡ESO DEBE DE SER LA FAMOSA "GRACIA DE DIOS"!

Si es que Dios es muy gracioso, vamos, un cachondo mental. Eso sí, yo creo que alguna vez se le fue la mano, porque lo que le hizo a Job... Con Job se cebó: «Me he enterado de que hay un tal Job que cree en mí por encima de todas las cosas, vamos a comprobarlo...». Para empezar, a Job le manda unas golondrinas que le cagan en los ojos y le dejan ciego, después lo arruina, se carga a su mujer, se carga a su hijo, descuartiza a su hija... Y, tras cada prueba, Dios manda a dos ángeles para preguntarle:

—Oye, Job, ¿sigues creyendo en Dios por encima de todo?

A lo que Job les dice:

—Sí ¡Lo que no entiendo es quién me pone la pierna encima para que no levante cabeza!

Yo no quiero ofender, pero a veces, más que bromas, parecen putadas... ¡A Job sólo le faltó hacerle del *Atleti*! Ésa si que es una buena broma y no lo de las cagadas de las golondrinas... Pero Dios sólo quería hacer unas risas, no quería ensañarse. Es un tío simpático, de verdad, ahí está la Biblia que lo prueba.

Aunque, francamente, yo no tengo ninguna prisa en encontrarme con Él... A pesar de que la vida está llena de contradicciones y de jefes, hay cinco razones por las que a mí me parece que vale la pena la vida: Una cervecita bien fría, para desayunar. El cigarrito de después... Lo que viene antes del cigarrito de después... Darme un baño en un *jacuzzi*... con mi perro. Y, sobre todo, una de las cosas por las que vale la pena vivir, es por poder compartir muchas noches de teatro con un público tan de puta madre como ustedes.

Segunda **parte**

Pensamientos franciscanos

BRENT

Cómo va **España**, según **Enrique San Francisco**

«¿Cómo ves España?» A menudo me hacen esa pregunta. Pues, ¿qué quieren que les diga?, depende: hay días que la veo bien y otros que la veo muy bien. Según lea *El Mundo* o *La Razón*.

Respecto al gobierno socialista, la cosa no estuvo mal pero falló en lo básico: no bajó el precio de la cerveza. Y, claro, el pueblo no es tonto: esperó, esperó... hasta que a los trece años dijo: «Ea, que venga otro a ver si arregla esto». Con Aznar vamos camino de lo mismo. Los políticos andan todo el día preocupados con la macroeconomía y se les olvida lo fundamental. Porque, francamente, ¿qué es más importante: el precio del barril de petróleo o el del barril de cerveza? A ti te regalan un barril de cerveza y es cojonudo. Llegas a casa con tu barrilito, te sirves unas cañas... incluso puedes comprar un jamón para acompañar. Pero te regalan un barril de petróleo y te han jodido. No vas a llegar a casa con un barril de petróleo y un jamón. No tiene sentido. Tendrías que comprarte... qué se yo, un tubo de escape. Y, en mi caso, llego a casa con un tubo de escape bajo el brazo y me vuelven a ingresar.

Las apariencias **en política**

En política las apariencias tienen una importancia fundamental. Sin ir más lejos, yo siempre he sido partidario de que los ministros, para dar sensación de trabajo, vayan en chándal. Un ministro da una rueda de prensa en chándal y la gente lo ve por la tele y piensa: «Joder, si currará este tío que va al Ministerio corriendo».

Los símbolos **políticos**

Me preocupa mucho la utilización partidista de los símbolos.

Por ejemplo, va el PP y pone en su logotipo una gaviota. Y, joder, si eres de izquierdas y te gusta sentarte a mirar el mar te han fastidiado. Llegas a la playa y te encuentras con que está todo lleno de gaviotas y ya no es lo mismo. Lo que antes era un escenario romántico se convierte ahora en un espectáculo insoportable. Cientos de gaviotas piando, como cantando el himno del PP. Al final acabas cogiéndole asco al animal. Y con el PSOE, tres cuartos de lo mismo. Durante unas elecciones le regalas un ramo de rosas a una tía y, en vez de querer ligártela, parece que le estás pidiendo el voto.

Los políticos **y la televisión**

Siempre he sido partidario de que los líderes políticos, en lugar de ir a programas de debate de estos tan serios, vayan a *Tómbola*. Sería fantástico ver a Jesús Mariñas diciendo: «A ver, Arzalluz, ¿es verdad que hay unas fotos tuyas poniéndole los cuernos a la Constitución?».

Las musas **políticas**

Una de las mayores sorpresas políticas que ha vivido la España de la democracia ha sido el divorcio de Norma Duval. Que la musa del PP se divorcie es como si Cristina Almeida se mete a monja. Después de esto, ¿qué más puede suceder? ¿Que Fraga salga del armario?

La crisis **con Marruecos**

La llamada a consultas del embajador de Marruecos me pareció en su momento un asunto sorprendente. Más que nada, por lo rápido que ha sucedido todo. Qué bien funcionan las cosas en Marruecos, joder. Aquí para que un tío vaya a consulta se tiene que tirar un año en lista de espera.

Aznar

En Moncloa no se hace nada sin consultarme. El presidente me pide consejo referente a todo. Lo último ha sido ver dónde ponemos la lista de bodas de su hija. Estábamos entre Tiffany's y Loewe, pero hemos decidido ponerla en el Carrefour.

Yo le he comprado el CD de *Operación Triunfo*. No ha sido fácil, ¿eh? Lo peor de todo ha sido ponerle el celofán para que no se dé cuenta de que es pirata.

Pese a que es muy aficionado al *paddle*, conmigo el presidente practica deportes más raciales. Yo le he metido en el cuerpo el mundo *aizkolari*, el gusanillo de cortar troncos. Todos los domingos nos ponemos la chapela y, ¡hala!, a pegarle al hacha. Si vieran cómo disfruta ese hombre cargándose los bonsáis de Felipe González...

CAUDILLO G D
1981

El 23-F

Ahora que ya ha pasado el tiempo suficiente puedo contar que durante el golpe de Estado estuve toda la noche negociando con los golpistas para que se rindieran. Es hora de aclarar lo del «elefante blanco», la persona que supuestamente se hubiera hecho cargo del gobierno de España en caso de triunfar el golpe. Hubo un error de trascripción. No se trataba de un elefante blanco, era un gorila. Un gorila blanco: *Copito de Nieve*. ¡Querían poner a *Copito de Nieve* de Generalísimo! Yo, para ganar tiempo, les dije que, ya puestos, sería mejor *Chu-Lin*, el oso panda del zoo de Madrid, pero ellos se negaron por su precario estado de salud. Efectivamente, al poco tiempo *Chu-Lin* murió. En fin, al final se rindieron y, sin comerlo ni beberlo, el único que sigue entre rejas es *Copito de Nieve*.

Cualidades **del político**

Para triunfar en política es fundamental tener un buen nombre. Por ejemplo, ¿Pío Cabanillas era un buen nombre para un portavoz del Gobierno? Pues no. Porque un portavoz tiene que tener mucha labia y Pío, de entrada, te suena a poca conversación. Claro que, si lo que quería el Gobierno es no decir ni pío, la elección es magnífica.

Sin embargo, ahí tienen al teniente general del Cuerpo General del Ejército del Aire, que se llama —pueden consultarlo en el escalafón si no me creen— Emilio Poyo-Guerrero. Eso sí que es un nombre para un general. Donde se ponga el general Poyo, que se quite el general Patton. Ahora bien, imagínense que, en lugar de Emilio Poyo, se llamase Emilio Gallina. ¡Como para irse a la guerra con él! Porque... ¿a qué puede uno ir a la guerra con el general Gallina? A rendirse. ¿Se imaginan el parte de guerra? «A las 17.00 horas de ayer se rindió el general Gallina... como su propio nombre indica.» Poyo Guerrero, por el contrario es un nombre estupendo para un general. Y, si lo pones en femenino, es perfecto para Bertín Osborne.

Gescartera **y Dios**

Lo que Gescartera le ha hecho a la Iglesia no tiene perdón de Dios. ¡Quedarse con el dinero de los obispos! ¡Qué barbaridad! Con lo bien que iba todo... Y ahora, ¡lo que le hacía falta a España...! ¡Que Dios le coja manía! Se han cargado nuestro futuro. ¿O es que alguien cree que si Dios tiene que mandar algún día una lluvia torrencial, un huracán o algo por el estilo se lo va a pensar dos veces? ¡Lo mandará aquí, a España, donde le hemos quitado el dinero! Vamos, que está la cosa para irse a Leroy Merlin y ponerse a construir un arca... Timar a Dios... ¡A quién se le ocurre!

Enrique **San Francisco** y José Luis **Rodríguez Zapatero**

He sido muy crítico con el líder del PSOE. Ha cometido una serie de errores lamentables. Por ejemplo, eso de ser más alto que Aznar... Conociendo a Aznar, no se lo va a perdonar nunca.

También le han faltado reflejos políticos. Por ejemplo, cuando Aznar decidió hacerse de centro, no supo reaccionar. Era el momento de haber hecho al PSOE de derechas. Eso desconcierta mucho al adversario. Se trata de jugar a la contra. Que Aznar se hace amigo de Tony Blair, Zapatero se hace amigo de Elton John y listo.

El cine **español**

Siempre he sido muy crítico con el cine en España.

El gran problema del cine español es que todas las películas se entienden. Y, claro, la gente acaba perdiéndole el respeto. Lo bonito es hacer películas de éstas en las que entre frase y frase pasa media hora. De éstas en las que se ve a un tío en una habitación medio a oscuras mirando cómo llueve. De pronto, llega uno y dice muy serio: «Llueve». El otro ni se cosca. Y se quedan así callados como un cuarto de hora hasta que el primero responde: «Sí, llueve», y otro cuarto de hora en blanco. Y así hasta que escampa.

Esto los que lo bordan son los japoneses.

El oficio **de actor**

Habitualmente oigo a compañeros actores decir que es un trabajo muy duro. Hombre, si te toca hacer de pareja de Whoopi Goldberg, sí. Por lo demás, ser actor es estupendo. Es el único trabajo donde primero se rueda la escena en la que te acuestas con la chica y seis días más tarde ruedas la secuencia donde te la presentan.

La vida tenía que ser igual.

El pop **español**

Siempre he sido muy crítico con el pop español. Ya en su día escribí varios artículos contra la canción ligera y fíjense lo que ha pasado recientemente con Jaime Morey y Gescartera.

El principal error de los cantantes pop españoles es creer que un buen físico lo es todo. Craso error. En esta profesión ser guapo, a la larga, perjudica. Ahí están Los Pecos, hundidos. Y, sin embargo, hay que ver cómo aguantan Los Hermanos Calatrava.

Por no hablar de lo agotador que resulta cantar y ser guapo al mismo tiempo. Te falta concentración. Tú estás encima de un escenario intentando acordarte de la letra y debajo hay quince mil personas, de todo sexo y condición, queriendo hacer el amor contigo. ¡Qué coñazo! Acabas convirtiéndote en un hombre objeto. Las mujeres te utilizan, hacen el amor contigo y, en cuanto están satisfechas, ¡zas!, se dan media vuelta y se quedan dormidas. Y tú te quedas allí, mirando al techo y pensando: «¡Dios mío!, otra que sólo venía por mi físico».

Las **discográficas**

Siempre he sido muy crítico con las discográficas. Aquí nunca hemos sabido vender bien a nuestros artistas. En Europa sí que saben. Ahí tienen Mozart. Niño prodigio, conocido en todo el mundo y cuyas óperas aún cosechan innumerables éxitos en todos los teatros. Y, sin embargo, tienen a Joselito cantando en *Cine de Barrio.*

Claro que Mozart a los cuatro años era ya un experto solista. Y Joselito no empezó con los «solos» hasta los catorce años, como todo el mundo. Eso sí, por la talla, debió de emplearse a fondo la criatura.

Los americanos también son muy buenos en eso del márketing musical. Elvis Presley, sin ir más lejos. ¿Cantaba bien? No, pero sabía vestir. Que ahí es donde fallaron Sergio y Estíbaliz. Aunque, miren por dónde, lo de las trenzas se lo copió Rigoberta Menchú.

En España, lo que falla también es la cuestión matemática. Los grupos son poco numerosos y así pasa lo de Ella Baila Sola, que, en cuanto se va una, se acaba el grupo. No sé si se han dado cuenta de que los grupos que triunfan siempre son de cuatro o más: Queen, los Beatles, los Sex Pistols, los Rolling Stones... los Sabandeños, que son ciento cincuenta. Claro que el éxito es proporcional al número: no es lo mismo ser el batería de los Rolling que el pandereta de los Sabandeños.

La **radio**

Me duele ver el panorama radiofónico español. Siempre he sido muy crítico con la radio española, especialmente con la FM. ¡Este país no tiene arreglo! AM, FM... España siempre dividida. Ya lo dijo Ortega: La *España invertebrada*. ¡Qué gran hombre Ortega Cano!

La radio **deportiva**

Hacer radio deportiva es de las ocupaciones más duras que conozco. No entiendo cómo José María García pudo aguantar tanto tiempo. Debe de resultar muy irritante saber que hay un montón de tíos esperando que llegue la noche para acostarse contigo. No sé, yo no podría ganarme la vida susurrándole al oído a los hombres. Y, además, ¡lo promiscuos que son, joder!, porque igual que se acostaban con José María García se levantaban con Luis del Olmo.

Por otra parte, siempre he criticado de la radio deportiva el que se olvide de los deportes verdaderamente importantes. Por ejemplo, la esgrima. ¡La esgrima! ¡Qué gran deporte! Y, además, al alcance de cualquiera. Al fin y al cabo, ¿qué es un navajero? Un esgrimista con pocos medios.

Yo siempre he sido muy amante de la esgrima. Recuerdo que en el último Open de Cuenca de Esgrima había un ruso bajito, más o menos de la altura de Galindo, que tenía un peligro...

El tío pinchaba poco pero, por su estatura, cuando pinchaba te daba justo en tus partes. Yo no he visto tío más dañino.

Otro deporte que a mí me apasionaba era el lanzamiento de martillo. Claro que, en cuanto quitaron las vallas protectoras, la cosa perdió interés.

¿Y la halterofilia? ¿Qué me dice de la halterofilia? Eso sí que es amor al deporte. Llega un tío, levanta 200 kilos y, total, ¿para qué? ¡Para dejarlos en el mismo sitio! Es como hacer una mudanza sin cambiar de piso.

El Madrid-Barça

El fútbol es fascinante. Y el día que se entienda lo del «fuera de juego», mucho más. ¿Qué otra cosa puede en España reunir en un estadio a cien mil personas? Pues eso: o un Madrid-Barça o un concierto de Melody.

Un partido de este tipo es siempre una cita excepcional. Los dos clubes con más historia de España frente a frente. ¡Qué recuerdos! Le vienen a uno a la mente figuras azulgranas como Joan Gamper, Kubala... O blancos, como Santiago Bernabéu, Gento, Michael Jackson...

Es el momento de las estadísticas: hace diecinueve años que el Real Madrid no gana en el Camp Nou. ¡Diecinueve años! Todavía no había nacido Paquirrín. El Barça debería dejarse ganar sólo por darle una alegría a esa criatura, joder. Lo contento que se iba a poner Paquirrín.

ESPARTACO SPQRT

El deporte

Hacer deporte es básico. Estar en forma es importantísimo. Correr es fundamental. Además, para huir, viene cojonudo. De todas maneras, lo de estar en forma es cuestión de criterios. Por ejemplo, estaremos de acuerdo en que yo juego un partido de fútbol y acabo en la UVI. Pero es que Zidane sale una noche conmigo y le pasa lo mismo.

Entre los deportistas de élite, siempre he admirado a Espartaco. Espartaco era estupendo. Ahora, eso sí, en cuanto dejó la lucha libre y se metió en política se echó a perder. Tenía que haber hecho lo que todos los deportistas: poner una tienda de deportes.

El mayor peligro para el deporte es el *doping*. Siempre he sido contrario al *doping*. No se puede engañar así a la gente. Es como si Sánchez Ocaña, que lleva media vida anunciando Flora, se hace un análisis y resulta que tiene alto el colesterol.

Los artículos **en prensa**

No me gusta escribir en prensa. Hace poco el *Wall Street Journal* me pidió un artículo sobre «Perspectivas de desarrollo social en América Latina» y me negué.

Al final lo escribió Ricky Martin.

Sin embargo, estoy muy contento de cómo me ha quedado uno sobre «Política macroeconómica alemana e integración europea» que he publicado en el *Hola*. Ha gustado mucho. Incluso me ha mandado un telegrama de felicitacion el Dúo Sacapuntas.

(Al bajito le ha encantado.)

La prensa **del corazón**

Yo tengo un enorme respeto por las revistas del corazón. Este tipo de prensa tiene criterios periodísticos muy particulares. Por ejemplo, para la prensa internacional el país más importante es Estados Unidos; sin embargo, para la prensa rosa, es Mónaco. ¿Quieren otro? George Bush para salir en primera página tiene que hartarse de tirar bombas; sin embargo, a Rainiero, en vez de tirar bombas, le basta con que Estefanía se tire a cualquiera.

Me gusta la prensa rosa porque siempre dan una versión inédita de los acontecimientos. Por ejemplo, que derrumban las Torres Gemelas, van las revistas del corazón y publican: «El mismo día del atentado, Ernesto Neira tenía pensado volar a Cuenca».

De todas formas, he sido muy crítico con la línea editorial del *Hola* en lo de la guerra de Afganistán. Tengo entendido que se han censurado algunos reportajes fotográficos. Especialmente uno que llevaba por título «Osama nos muestra su cueva».

El **Rey**

Tengo una estrecha relación con su majestad. Paso muchas horas con él en amena conversación. Incluso estoy meditando la posibilidad de escribir un libro transcribiéndolas. Por ahora sólo tengo claro el título: *Ponga usted la Corona, que yo pongo las Coronitas.*

BAN

La casa **del Príncipe**

Respecto a la casa de su alteza, sé que setecientos millones parecen muchos millones pero, en primer lugar, la casa es amueblada. Y, en segundo, hay que tener en cuenta que los palacios pagan mucho de comunidad. De todas formas, a mí lo que más me preocupa es a ver de dónde saca esa criatura para pagar la hipoteca.

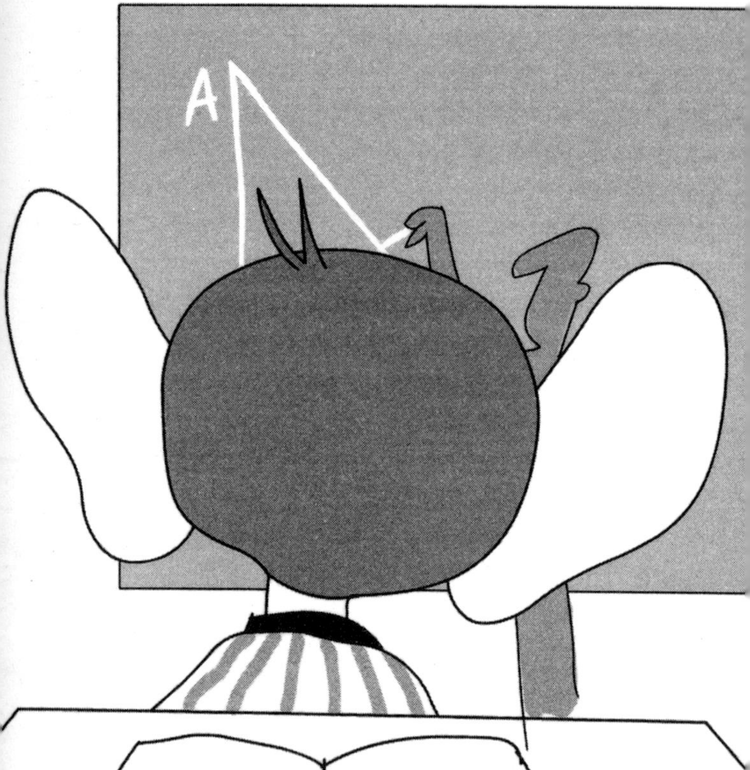
A

Enrique **San Francisco** y Carlos **de Inglaterra**

Como pueden imaginar, recibí una cuidada educación. Estudié en el mismo colegio que el príncipe Carlos de Inglaterra. Hicimos juntos quinto de bachillerato. Recuerdo que fue un curso con mucho fracaso escolar porque a él le pusieron el primero y con las orejas no había quien viera la pizarra.

Los intelectuales

Estoy harto de que me llamen los intelectuales de este país para que los asesore. Es una lata. Por ejemplo: estoy tranquilamente en casa cuando, de repente, suena el teléfono y es Sánchez Dragó que me llama desde el móvil para preguntarme si «libertad» es con «b» o con «v».

Y eso no es lo peor. Lo malo es que se queda sin saldo y tengo que volver a llamarlo yo después de haberlo consultado en el diccionario.

La Real **Academia**

No sé si sabrán que me ofrecieron ser académico de la lengua. Efectivamente, así fue, pero me negué, porque ya era socio del Rayo Vallecano. Otra razón por la que no acepté el nombramiento fue porque yo siempre he sido muy crítico con la Academia. Sobre todo por esa manía de que cada académico represente una letra. La verdad es que a mí eso de las letritas me parece un poco ridículo. Básicamente, porque, cuando se reúnen todos, aquello más que una academia debe de parecer un Scrabble.

La clonación

La clonación me parece algo estupendo. Personalmente, me encantaría tener un clon para mandarlo a trabajar el día que yo me acostase tarde. Claro que, si yo tuviera un clon, se habría acostado el tío a la misma hora. O más tarde, el muy cabrón.

De todas maneras sigo estando a favor de lo de los clones. Imaginemos que un científico clona a tres mil Jennifer López. ¡Tres mil tíos que van a ser felices, joder! Y, para que no me tachen de machista, se podrían clonar también otros tres mil Brad Pitt. Aunque... no funcionaría. Si en el mundo hubiera tres mil Brad Pitt y tres mil Jennifer López... al final acabarían los seis mil saliendo juntos.

La **arquitectura**

A mí la arquitectura me fascina. Ahora, eso sí, desde los egipcios dejó de interesarme. El románico, el gótico, la Escuela de Chicago y todo eso son tonterías. Donde se ponga una buena pirámide... Los egipcios. Yo no he visto mejores albañiles que los egipcios. Treinta tíos levantando una piedra de tres mil kilos. Eso sí que es artesanía. Sin embargo, ahora todo son comodidades: llega uno con una grúa, y listo.

Se están cargando la albañilería.

La **moda**

Me fastidian enormemente las propuestas vanguardistas de algunos modistos. Hace poco pude leer en la prensa el siguiente titular: «Armani hará más prendas con hachís». Al parecer, el diseñador italiano está dispuesto a llevar a cabo un proyecto de nuevas creaciones realizadas en tejido de cáñamo. Espero que no vendan esa ropa en Inglaterra. El príncipe Harry se podría fumar hasta la gabardina.

La *nouvelle cuisine*

Siempre he sido muy crítico con la *nouvelle cuisine*. Y, ya puestos, con la dieta mediterránea en general. Además, desde que a la gente le ha dado por cocinar, España es una lata. Antes ibas a casa de un amigo y, todo lo más, te tenías que tragar el vídeo de las vacaciones. Ahora, te tragas el vídeo y una receta que salió el domingo en *El País Semanal*.

A propósito, qué me dicen de ésta aparecida en un suplemento dominical —el título del plato es ya para llamar al Telepizza—: «Ensalada de hoja de roble y alubias con brote de soja y vinagreta de ibéricos...». Si todo esto hace falta para la ensalada, para el postre vamos a necesitar uranio empobrecido.

¿Qué está pasando aquí? ¿A qué estamos jugando? ¿Tanto daño les ha hecho a los chefs la ensalada mixta?

¡Hoja de roble! Pero, ¿se puede saber dónde está en el Pryca el pasillo de las hojas de roble? ¿Cómo la consigues? ¿Qué haces? ¿Te vas al Retiro y te pillas una, toda cagada de ardillas? ¡Hombre, por Dios!

Pero ahí no acaba todo: «Ingredientes: una hoja de roble, un bote de alubias blancas cocidas, una lata pequeña de alubias griegas...». ¡Alubias griegas! Pero, vamos a ver, ¿es que acaso la ensalada griega lleva espárragos de Navarra? Así está la balanza de pagos.

¡Ojo! Ojo, que no tengo nada en contra de las alubias inmigrantes. Bastante pasan ya las criaturitas en su país. Además, cuando vienen aquí es porque allí no tienen ensaladas.

Las **mujeres**

En lo primero que me fijo cuando conozco a una mujer es en sus pies. Camila Parker, por ejemplo, tiene unos pies preciosos. En cierto modo es lógico. Si Dios también le hace feos los pies, es para ponerle una denuncia en la OCU.

Claudia **Schiffer y yo**

(Cuento esto obligado por mi editor.)

Seré breve: durante cierto tiempo estuve saliendo con Claudia Schiffer. Fue antes de que ella saliera con el mago aquel... —Harry Potter creo que se llamaba—. Nos presentó Helmut Kohl en una fiesta en Cuenca. Yo no hablaba alemán y ella no hablaba español, así que Helmut Kohl hacía de intérprete. Estuvimos saliendo tres meses.

Helmut Kohl estaba ya hasta los cojones.

El botellón

Éste es un asunto que, particularmente, me preocupa mucho. Por lo visto, el Gobierno tiene previsto prohibir por ley beber alcohol en la calle, al aire libre. Digo yo que qué van a hacer en los sanfermines, ¿techar Pamplona? Con leyes como éstas yo estoy convencido de que donde deberían prohibir el alcohol es en los Consejos de Ministros.

"OPERACIÓN TRIUNFO" HA SIDO UNA CORTINA DE HUMO PARA QUE NO SE HABLARA DE LO REALMENTE IMPORTANTE EN AQUEL MOMENTO: LA RUPTURA DE FRADE Y NORMA DUVAL

No hace falta ser muy astuto para darse cuenta de que *Operación Triunfo* es una maniobra de distracción del Gobierno. En política, estas maniobras son muy frecuentes. *Operación Triunfo* ha sido una cortina de humo para que no se hablara de lo verdaderamente importante en aquel momento: la ruptura de Frade y Norma Duval.

Ojo, que yo no tengo nada en contra de estos chavales de *Operación Triunfo*, pero me sorprende que nadie se dé cuenta de lo peligroso que es lo que yo llamo el «efecto Bustamante». ¿No se dan cuenta de que si todos los albañiles siguieran su ejemplo y se dedicasen a cantar íbamos a acabar con las constructoras? Ya hay rumores de obras que no han podido acabarse porque a la plantilla le ha dado por montar una copia de Los Sabandeños.

Gran **Hermano**

¡Qué país éste! Entre *Gran Hermano*, *Operación Triunfo*, *Confianza ciega* y *Estudio de Actores*, en España hay más gente encerrada que en la calle.

Aún así, soy de la opinión de que los concursantes de *Gran Hermano* han logrado por fin aquello que muchos españoles llevan años intentando: que les paguen por estar tres meses sin hacer nada. Bueno, tampoco es tan extraño eso de que te paguen por no hacer nada a condición de que salgas en la tele: el Gobierno lleva ya dos años así y sigue cobrando.

Hay que reconocer que para concursar en *Gran Hermano* no sirve cualquiera. Hay que reunir una serie de condiciones indispensables, un perfil psicológico adecuado. Lo ideal es que seas piloto de pruebas de Pikolin y que te guste salir menos que a Bin Laden.

Yo, de todas formas, siempre he sido muy crítico con *Gran Hermano*. Sí. Siempre he dicho que al formato le falta el elemento sorpresa, como han hecho en otros países. Por ejemplo: en Kenia infiltraron a un caníbal entre los concursantes. La lástima es que lo echaron enseguida porque se quedaron sin tabaco y el tío se comió al director.

Hay que renovar la televisión. En ese sentido, he asesorado a una productora checoslovaca para hacer un programa de éstos donde pones a prueba los celos de la pareja. Es como *Confianza ciega*, pero con suegras. El programa está funcionando muy bien. Es curioso adónde te pueden llevar los celos: los tíos no soportan ver a su suegra discutiendo con otro.

Los falsos **rumores**

Cuando uno adquiere cierta notoriedad es imposible mantenerse al margen de rumores y maledicencias. Sobre mí se ha llegado a decir que me gusta la cerveza. No me explico quién habrá propagado esa calumnia, pero me indigna que alguien juegue así con la reputación de las personas. ¡Hombre, por Dios! Se empieza afirmando que a mí me gusta la cerveza y se acaba diciendo que Zapatero es un cachondo.

Luego hay otro bulo sobre mí, según el cual yo me he hecho la cirugía estética. Eso también es falso. Yo sólo me he hecho unos retoquitos en la nariz aprovechando que me tenía que hacer la fimosis.

Las **navidades**

Lo peor de la Navidad es que te regalen un pavo vivo. El último que me regalaron se atrincheró nada más llegar en un rincón del salón y no había quien lo matara. Y eso no era lo malo. Lo malo es que le dio por no probar bocado y se estaba quedando en los huesos.

Necesitaba a alguien con mala leche, un tío cruel y con frialdad asesina que se lo cargara. Estuve pensando en Zapatero. Pero lo descarté porque, conociendo su rudeza, no quería que, encima, lo insultasen antes de morir.

Otra solución era llamar a la OTAN y que lo bombardeara. Pero claro, luego lo mirabas a la cara y te daba lástima. Ese pavo tenía la mirada de Gandhi. ¡Qué animal más noble!

En fin, que el pavo lleva ya quince años en casa y hasta tiene cuarto propio.

Enrique **y el Papa**

Hay un asunto que me preocupa mucho de la imagen del Santo Padre. Es algo que tiene que ver con sus viajes: ¿alguien sabe cómo se llama el avión del Papa? Porque el avión de George Bush es el *Air Force One*. Sin embargo, por más extraño que parezca, el avión del Papa no tiene nombre. Y yo me pregunto: ¿cómo puede ir por ahí ese hombre con un avión sin bautizar? Él, que tenía que ir dando ejemplo. La gente no es tonta, y ve llegar al presidente de Estados Unidos y dice: «Ahí viene Bush en el *Air Force One*». Y, sin embargo, ven llegar al Papa y dicen: «Ahí llega el Papa... en ese avión ateo».

Yo creo que debían ponerle un nombre. Si ocurriese algo, Dios no lo quiera, y ese avión muriese sin bautizar... iría al limbo. ¿Se imaginan ustedes un Boeing vagando eternamente por el limbo? Vamos, en el limbo iba a haber tortas por largarse al purgatorio.

Las listas **paritarias**

A mí lo de las listas paritarias me parece estupendo. Es genial que en las listas electorales haya mitad de hombres y mitad de mujeres. Ojalá todo el mundo hiciera igual. El país marcharía mucho mejor. ¡Cuántas orgías han fracasado por tener mal organizadas las listas!

LO MALO ES QUE ESTO DE LAS MUJERES EN POLÍTICA ES MUY RELATIVO. PORQUE, POR EJEMPLO, ¿EN QUÉ LUGAR PONEMOS A MARGARET THATCHER? APARENTEMENTE ES UNA TÍA... PERO A MÍ ME RECUERDA AL FARI.

ME AVERGÜENZA ADMITIRLO, PERO HE TENIDO QUE HACER EL AMOR CON MULTITUD DE MUJERES ESPLÉNDIDAS PARA CONSEGUIR LA MAYORÍA DE MIS PAPELES. SIEMPRE CONTRA MI VOLUNTAD, NATURALMENTE.
GUIÓN

EL trabajo **de actor**

La primera vez que interpreté fue en un belén viviente. Hacía de ángel anunciador. La verdad es que metí la pata porque me entusiasmé con los efectos especiales y cuando la Virgen me dijo aquello de «He aquí la esclava del señor» yo le solté: «Que La Fuerza te acompañe».

Fue el único papel que logré por méritos propios. Admiro a esos actores que han podido conseguir todo a base de trabajo. Yo no he tenido esa suerte. Mi físico ha sido un lastre para mí. Tener un cuerpo portentoso tiene esos problemas. Las mujeres que mandan en la industria se encaprichan de ti. Me avergüenza admitirlo, pero he tenido que hacer el amor con multitud de mujeres espléndidas para conseguir la mayoría de mis papeles. Siempre contra mi voluntad, naturalmente. La única excepción fue una propuesta de Spielberg para hacer *ET*, pero al final la cosa no cuajó porque necesitaban un bicho con los ojos más pequeños.

La **evolución**

Según recientes estudios científicos, los monos usaban herramientas como los humanos hace cinco millones de años. ¡Qué listos los monos! Luego se hicieron los tontos y llevan cinco millones de años sin dar ni golpe. Claro, que es normal. Si te dan a elegir entre subirte a un árbol o a un andamio...

La sanidad **española**

Siempre he creído que el Ministerio de Sanidad está equivocando su política. En primer lugar, se están volcando con los beneficios del aceite de oliva y se han olvidado de la cerveza. La cerveza es buenísima para la salud. Franco sí que sabía de esto, que hasta puso El Águila en el escudo.

Luego está el tema de las listas de espera. No sé cómo no se dan cuenta de que lo de las listas de espera es culpa de la televisión. No se puede poner a George Clooney de médico en una serie. Y encima todos se salvan. Claro, la gente está loca por operarse. Hay que contratar al que le hizo la cirugía estética al Dioni, a ver quién es capaz de entrar en quirófano.

Pero el tema fundamental que hay que resolver en Sanidad es el de los supositorios. Es un medicamento muy molesto. Yo no entiendo cómo hemos sido capaces de completar el genoma humano y no hay manera de acabar con los supositorios. ¿Por qué recetan supositorios?

Es como si te recetaran pastillas con vida propia y te tuvieras que pasar media hora apretando la boca para que no se te escapara.

Q W E R T Y
A S D
Z X C V

Las **academias**

Cómo han cambiado las academias. Yo estuve tres años en una y lo más que aprendí fue a escribir a máquina. Sin embargo ahora se pasan tres meses en la de *Operación Triunfo* y salen hechos unos artistas. Yo creo que la culpa de lo mío la tuvieron los profesores... Si a mí me hubieran dicho eso de: «¡siente la máquina de escribir!, tienes que hacer tuyo el teclado» ahora en vez de un diploma tendría un disco de platino.

Yo he sido muy crítico con *Operación Triunfo*. *Operación Triunfo* es un ejemplo de lo mal que están las cosas en educación. Es inaudito, hacen un *casting* y eligen para ir a la academia a los que mejor cantan. Eso es como si hacen una prueba para enseñar a escribir y eligen a Vargas Llosa. En la academia tenían que haber metido a Tamara y a Domingo Torroba. Ésos sí que necesitan aprender a cantar.

El mundial **de fútbol**

Si España hubiera ganado el mundial, los jugadores se hubieran embolsado en primas alrededor de ochenta millones de pesetas cada uno. ¡Menudo chollo! Lo de las primas no tiene sentido. Es como si a un albañil le dices: «Tienes que hacer este tabique, pero, ojo, que como te salga bien además del sueldo te vamos a endiñar una pasta». Y total, para nada, porque está demostrado que mejor que darle ochenta millones a los jugadores es darle mil duros al árbitro.

Nueva **York**

Me encanta Nueva York. Esa ciudad no tiene secretos para mí. Aunque recuerdo que la primera vez que estuve, más que lo altos que eran los edificios, lo que más me sorprendió fue lo bajos que eran los japoneses.

NN-024-178
A MÍ LA GUARDIA CIVIL ME HA MULTADO DOS VECES. UNA PORQUE NO QUISE HACER LA PRUEBA DE LA ALCOHOLEMIA Y OTRA... POR HACERLA. ¿EN QUÉ QUEDAMOS?

Relaciones **con la Benemérita**

Y eso que mis relaciones con la Benemérita han sido siempre estupendas. Incluso estuve saliendo con una chica que era sargento de la Guardia Civil de Tráfico. Pero la cosa no funcionó por lo que pasa siempre con la Guardia Civil: para ella yo iba demasiado rápido.

Enrique **y los koalas**

Siempre he sido muy crítico con los koalas. No me gustan los koalas. No he visto animal más irritante. Todo el día con los ojos medio cerrados y abrazados a algo, como japoneses borrachos.

La **vida en general**

Debemos tomarnos la vida con calma. Hay días buenos y días malos, como el embarazo de Chabeli.